DEUXIÈME LETTRE

A UN

CONSEILLER GÉNÉRAL

PAR

M. GAMBETTA

PARIS

ERNEST LEROUX, ÉDITEUR

28, RUE BONAPARTE, 28

1874

LA RÉPUBLIQUE FRANÇAISE

Journal Quotidien, Politique et Littéraire

16, Rue du Croissant

Abonnements pour Paris :

TROIS MOIS............	13	FR.
SIX MOIS.............	26	»
UN AN..............	52	»

Abonnements pour les Départements :

TROIS MOIS............	16	FR.
SIX MOIS.............	32	»
UN AN..............	64	»

DEUXIÈME LETTRE

A UN

CONSEILLER GÉNÉRAL

———

Consulté à l'occasion du renouvellement par moitié des Conseils généraux dans toute la France, M. Gambetta vient d'adresser à un de ses amis, président et membre sortant du Conseil général dans l'un des départements du centre, la lettre suivante :

Paris, le 24 septembre 1874.

A M. C..., *président et membre sortant du Conseil général du département de l'Allier.*

Mon cher ami,

Vous voulez bien me rappeler qu'il y

a trois ans, à pareille époque, j'eus l'occasion, après l'imposante manifestation électorale qui ouvrit la porte des Conseils généraux à tant de républicains, d'exprimer mon opinion réfléchie sur le caractère et la mission des nouveaux délégués de la démocratie républicaine. A la veille du renouvellement par moitié des Conseils des départements, vous me demandez de faire connaître l'appréciation que me suggère cette nouvelle et importante opération du suffrage universel. Je défère d'autant plus volontiers à votre désir que les circonstances de la politique générale imposent aux élections partielles qui vont avoir lieu un caractère de lutte politique, et attachent par avance au scrutin du 4 octobre 1874 une signification qu'il est nécessaire de bien marquer pour faire justice des critiques et des accusations que les adversaires de la République ne manqueront pas de diriger contre la conduite de nos amis. Je vais donc, puisque vous m'y invitez, m'expliquer sur la nature des élections qui vont avoir lieu, sur le rôle spé ial que les élus du 4 octobre devront s'efforcer de prendre dans l'accomplissement de leur mandat, enfin sur les conséquences politiques qui doivent, à mon sens, en découler dans un prochain avenir.

I

Au lendemain de la signature du traité de paix arraché par la force triomphante à une nation que l'abandon de sa propre souveraineté aux mains d'un seul avait conduite aux extrémités du malheur, la France se préoccupa de créer des institutions qui pussent la mettre à l'abri, dans le présent et dans l'avenir, des aventures et des folies du gouvernement personnel : elle demanda la reconnaissance et l'organisation du gouvernement de la République française. Les députés qu'elle avait choisis, dans un moment de trouble et de confusion, refusèrent obstinément d'écouter la voix du pays, et cherchèrent dans les combinaisons les plus tortueuses le moyen de déjouer le vœu national en faveur de la République. Surpris et même irrité de ce qu'il considérait comme une violation de promesses solennelles, dont le recueil des professions de foi et des engagements des candidats aux élections du 8 février 1871 demeuré l'irrécusable témoin, le pays s'empara dès lors de tous les moyens légaux laissés à sa disposition, pour signifier hautement qu'il n'entendait pas être dépossédé de sa souveraineté et qu'il poursuivait avec persévérance l'établissement du régime républicain. C'est ainsi qu'il faut expliquer le spectacle si intéressant que donne depuis trois ans la nation, ne perdant, ne négligeant aucun moyen, aucune occasion de faire éclater ses sympathies, ses vœux, ses légitimes exigences. Qui ne se rappelle avec émotion cet admirable mouvement municipal qui, dès le mois d'avril 1871, remua toutes les communes de la France ? Le pays sentait dès lors le besoin de ne laisser planer aucun doute sur ses résolutions et sur ses volontés, et il couvrit la France d'administrations et de Conseils municipaux républicains. Les élections municipales furent politiques et républicaines.

Vinrent les élections des Conseils généraux en octobre 1871. Les politiques de la monarchie étaient restés sourds aux réclamations du suffrage universel : le suffrage universel parla plus haut encore, et, pour la première fois depuis trois quarts de siècle, on vit, sur toute la surface du territoire, la démocratie républicaine prendre part aux élections cantonales et remporter un succès éclatant, gage précurseur d'une prise de possession définitive de ces anciens postes dont la réaction avait pour habitude de se faire comme autant de citadelles, et d'où elle savait sortir à l'heure propice pour refouler la démocratie. L'échec fut rude et significatif pour les partisans du régime

des classes dirigeantes ; ils étaient bat-
tus par la démocratie sur leur terrain
le plus favorable. On remarqua l'ins-
tinct et la précision qui avaient di-
rigé les coups du suffrage universel sur
la personnalité des membres de l'Assemblée nationale les plus engagés et
les plus compromis dans les intrigues
monarchiques. « C'est un grand pas, vous
écrivais-je alors , le plus considérable
peut-être qui ait été fait vers l'établissement et l'organisation de la République. » On le vit bien, par les événements qui ne tardèrent pas à se dérou-
ler. La révolution parlementaire du 24
Mai ayant renversé du pouvoir l'homme
qui, le premier dans le camp monarchique, avait entendu et recueil-
li les vœux de la France, les ardeurs royalistes ne rencontrèrent plus
dans le pouvoir ni obstacle ni frein ; elles
éclatèrent ouvertement, et la France ni
l'Europe n'ont oublié les prétentions in-
solentes d'une faction qui annonçait la
résolution d'imposer au pays, malgré la
résistance du suffrage universel, la mo-

narchie héréditaire à une voix de majorité dans le Parlement. C'est à ce moment de crise suprême, d'où la guerre civile pouvait sortir à chaque heure, que les esprits réfléchis purent apprécier l'utilité des choix faits dans les scrutins municipaux et cantonaux d'avril et octobre 1871. Le pays manifesta, d'une extrémité à l'autre de ses frontières, ses répugnances et son aversion pour une politique qui ne tendait à rien moins, comme on l'a dit avec autant de force que de justesse, qu'à prendre une revanche sur la Révolution de 1789 ; et c'est à l'intervention calme, loyale, résolue des représentants des assemblées locales que la France doit certainement d'avoir échappé à une nouvelle commotion, qui aurait été « la plus effroyable de toutes ».

Délivré aujourd'hui du fantôme de la restauration monarchique, le pays n'en reste pas moins exposé à toutes les inquiétudes et à toutes les craintes qu'inspirera toujours un gouvernement incertain sur la nature de ses pouvoirs, dépourvu d'un principe de droit capable de mettre fin aux compétitions des partis.

Aucun d'eux, en effet, n'a renoncé ni à ses espérances ni à ses ambitions; la bande du 2 Décembre elle-même ose reparaître pour tenter de nouveau la spoliation du pays, et ce n'est pas un gouvernement sorti de la coalition de ces factions rivales qui peut trouver en lui seul l'autorité et l'énergie nécessaires pour les dominer et assurer au pays la direction et la conduite de ses propres affaires. C'est pour donner à ce pouvoir la force et le crédit dont il ne peut se passer, qu'on réclame de toutes parts qu'il soit entouré d'institutions nettement définies et capables de lui survivre. Ces institutions, le pays seul peut les indiquer. En face d'une Assemblée qui s'est proclamée constituante, et dont l'impuissance manifeste à remplir un tel mandat est depuis longtemps établie, il faut que la France parle; et c'est là la raison supérieure et invincible qui exige que les élections du 4 octobre 1874, pour le renouvellement partiel des Conseils

généraux, soient comme celles d'octobre
1871, des élections politiques, partant
républicaines.

II

Au surplus, une fois élus, les républicains qui iront s'asseoir dans les Conseils
généraux n'auront qu'à persévérer dans
la ligne de conduite suivie par nos amis
depuis le mois d'octobre 1871. Les esprits
les plus prévenus contre la démocratie
française sont obligés de confesser aujourd'hui l'injustice de leurs accusations contre les élus des der-
niers scrutins. Outre la vie, l'activité
dont les Conseils généraux ont fait preu-
ve, on a constaté le zèle, l'aptitude, la
compétence croissante des nouveaux ve-
nus dans le maniement des affaires dé-
partementales. C'est une véritable trans-
formation qui s'est opérée dans le rôle

de ces Conseils locaux. Au lieu de
ces banales et rapides sessions qu'on
bâclait lestement sous les anciennes
monarchies, on a vu les Conseils
tenir à honneur de consacrer tout
le temps qui leur est imparti par la
loi à la discussion publique et au
règlement des plus graves intérêts.
L'intervalle des sessions n'a pas été
non plus un temps de loisir : il
a presque partout servi à la pré-
paration de rapports circonstanciés
sur les branches les plus importan-
tes de la vie départementale, sur
l'état des services publics au point
de vue de la voirie, du régime pé-
nitentiaire, de l'hygiène, de l'assis-
tance publique, des chemins de fer,
des exploitations minières, des canaux,
des débouchés et des tarifs pour la pro-
duction locale ; mais l'honneur par ex-
cellence de ce grand développement
d'activité et de zèle pour le bien public,
c'est la passion que les Conseils généraux ont montrée dans toutes les questions qui touchent à l'éducation natio-

nale. Les vœux que soixante-cinq d'entre eux ont fait publier, avec les discussions théoriques et pratiques à l'appui, révèlent mieux qu'aucun autre genre de travaux, l'esprit de progrès et de justice, pour tout dire d'un mot, le patriotisme qui anime ces représentants de la France moderne. Républicains et hommes politiques, nos conseillers généraux se sont sévèrement interdit la politique pure, l'ingérence passionnée dans les querelles des partis. Ils ont admirablement compris que bien étudier, bien gérer les affaires de leurs électeurs, c'est, au vrai sens du mot, faire de la bonne politique.

En effet, la politique, pour la démocratie contemporaine, ce n'est pas une lutte plus ou moins brillante concentrée tout entière dans l'enceinte des assemblées nationales: c'est l'élaboration sur place, dans chaque communauté administrative de la France, de toutes les questions qui touchent aux droits, aux intérêts, aux besoins, à l'émancipation morale et matérielle de tous les membres de cette grande démocratie dont on suit le lent et douloureux affranchissement à travers notre histoire, mise hors de tutelle par la Révolution de 1789, investie de tous ses droits par celle de 1848, et qui, après avoir été constamment asservie, refoulée, ou trompée par des maîtres divers, veut aujourd'hui faire elle-même ses affaires, par l'intermédiaire d'hommes sortis de son sein et décidés à ne jamais séparer ni leur cause ni leur fortune de celles du peuple.

La politique ainsi comprise, dans la grande majorité des Conseils, a eu pour premier avantage de faire ressortir aux yeux de tous la capacité de ces élus d'une démocratie que le travail a créés, que le travail maintient, développe et grandit tous les jours : ils apportent naturellement, dans les fonctions et les charges dont ils sont revêtus, cette forte application, cette patience obstinée, ce scrupule et cette attention, fruits de leur existence laborieuse, qui leur permettent de se trouver à la hau-

teur de toutes les exigences et de toutes
les difficultés. C'est cette démocratie,
petite bourgeoisie, ouvriers et paysans,
que j'ai appelée un jour les nouvelles
couches sociales, et c'est entouré de conseillers généraux nouvellement élus que
j'ai salué son avénement.

Cette initiation des nouvelles couches
sociales au maniement des affaires publiques a exercé la plus salutaire in-
fluence sur l'esprit démocratique. Rap-
prochée de la réalité des choses, aux pri-
ses avec les difficultés qui naissent pour
toute réforme de l'entrecroisement et de
la multiplicité des intérêts, de la résistance et de la coalition des préjugés,
la partie représentative de la démocratie a promptement pu faire un
juste départ, dans ses aspirations, entre les idées mûres, pratiques et réali-
sables, et celles qui sont encore inco-
hérentes, prématurées ou chimériques.
L'expérience, cet organe supérieur de
l'acquisition de la vérité dans le domaine
de la science, n'est ni moins nécessaire
ni moins féconde dans la sphère de la

politique , et nul progrès au monde
n'est plus désirable pour la démocratie
que de s'instruire, par elle-même et par
la gestion de la commune et du départe-
tement, des règles et des nécessités du
gouvernement de l'Etat. Ainsi se formera
une nation nouvelle, véritablement libre
et libérale, assez sûre d'elle-même, assez jalouse de sa dignité pour être res-
pectueuse des droits de tous et ne faire
de l'Etat que le garant des liber-
tés publiques. Ainsi peut-être, grâce
à cette éducation expérimentale de la
démocratie, finiront les cruelles et dan-
gereuses guerres de mots, l'esprit public
cessant de se repaître de vaines formu-
les. Je regarde, en effet, ce qui se passe
autour de nous, et je crois découvrir que
nous avons déjà fait de notables progrès.
Il me semble que partout s'est répandue
une notion juste et vraie, dont nous
verrons plus tard se produire les heu-
reuses conséquences : c'est qu'en somme,
les abus, les excès, les entraves, les in-
fériorités de toute nature dont pâtissent
encore, en dépit de la Révolution fran-

çaise, les innombrables couches laborieuses de ce pays, ne dépendent pas d'une solution théorique, uniforme, capable de les effacer et de les abolir, comme une formule d'algèbre sert à résoudre une équation. L'idée d'une telle solution, abstraite, insaisissable, la démocratie la perd infailliblement au contact de la réalité et, comme on dit vulgairement, en mettant la main à la pâte. Par contre, la démocratie, acquiert simultanément une notion non moins précieuse: c'est que toute plaie sociale, tout vice social a ses racines dans une des dépendances de la législation politique, commerciale, judiciaire, administrative, économique du pays; mais que ce mal doit être considéré en lui-même, pris à partie en quelque sorte, et qu'il doit être combattu avec les moyens et par les procédés mêmes qui ont aidé et facilité sa propagation dans le corps social, de telle sorte que, pour ceux de nos amis qui les étudient de près dans les affaires, il y a autant de problèmes sociaux, divers, variés qu'il y

a de conditions politiques, administrati-
ves ou économiques différentes, et pour
chacun desquels il faut chercher un pro-
cédé spécial de solution, ce qui fait que
toute question dite sociale se résout en
fin de compte, et par l'action immédiate
des mandataires du pays, en question
d'ordre politique.

Ce sont les résultats d'une si prompte
et si efficace éducation qui me font désirer ardemment de voir s'augmenter le
nombre des membres de ces nouvelles
couches sociales qui, dans tous les corps
électifs du pays, pourront s'initier à leur
tour à la connaissance et à la gestion des
intérêts vitaux d'une démocratie qu'ils
composent pour la plus grande part.
Un pareil progrès ne va pas sans le
progrès même de l'esprit de légalité
dans les rangs du suffrage universel. Si
dure que soit la légalité, si gênante
que la fassent parfois des interprétations
captieuses, notre démocratie a compris
admirablement que c'est par le respect
systématique de la légalité qu'elle force-
rait ses adversaires à se découvrir, pour

apparaître à tous les yeux comme des
provocateurs et des violents, et qu'elle
ne tarderait pas, pour sa part, à gagner
la confiance des véritables conserva-
teurs, des esprits vraiment mo-
dérés. C'est pour faire cette démons-
tration que nos élus, à l'exemple de
leurs commettants, sont restés fermes
et impassibles depuis trois ans, sous les
injures, les intimidations, les menaces,
les rigueurs, se couvrant à leur tour
de la légalité qu'ils avaient respectée
en toute occasion et l'opposant aux ar-
tifices et aux empiétements d'agents qui
se proposaient de les pousser à bout. Ils
ont rempli leur tâche dans les conditions
les plus difficiles, défendant hautement
les droits et les intérêts de leurs électeurs,
en dépit des sévérités de cet arbitraire lé-
gal, l'état de siége, établi contre l'étran-
ger et maintenu contre l'opinion. Les
nouveaux élus persévèreront dans cette
conduite si sage et si patriotique. Ils
contribueront à maintenir, en face des
divisions et des ardeurs des partis réac-
tionnaires, cette union, cette concorde,

cette inaltérable patience de toutes les
fractions de la démocratie républicaine ;
ils prépareront par là le triomphe, lors
des élections générales, des défenseurs
de la démocratie dans tous les départements.

III

C'est, en effet, une véritable prépara-
tion aux élections générales que tous les
partis s'accordent à voir dans le scrutin
du 4 octobre.

La conspiration monarchique a épuisé,
pendant ces quatre dernières années,
toutes les ressources dont elle disposait
pour surprendre la France et lui imposer la royauté. Impuissante à ramener le
régime de ses vœux, elle est également
impuissante à retarder bien longtemps
encore l'établissement définitif de
la République, et c'est avec terreur

qu'elle envisage le moment où il lui faudra avouer publiquement sa défaite et rendre la parole au pays. Ces réacteurs ont cherché à se débarrasser du suffrage universel : ils n'ont réussi qu'à le molester et à le rendre plus vigilant et plus hostile. Ils ont frappé d'ostracisme toutes les municipalités républicaines, et ils n'ont réussi qu'à donner dans toutes les communes de la France un chef et un guide à l'opposition démocratique en faveur des franchises municipales. Ils ont chassé de leurs postes tous les fonctionnaires suspects d'esprit républicain ou même libéral, et ils n'ont réussi qu'à constituer une administration divisée, hétérogène, inerte, quand elle n'est pas tracassière. Ils ont combattu sur le terrain électoral tous les candidats républicains, et ils n'ont réussi qu'à rassembler, qu'à concentrer toutes les forces républicaines dans un même faisceau. Ils ont presque partout porté la main sur la presse républicaine, et ils n'ont réussi qu'à susciter le zèle et l'activité des citoyens, obligés de suppléer au silence forcé des journaux par un redoublement d'efforts personnels. Ils ont affecté le pouvoir constituant, et ils n'ont réussi qu'à mettre en lumière cette idée, depuis longtemps en possession de l'opinion publique, que la France seule est de taille à se donner des institutions. Ils sont à bout de ressources. Les vacances exagérées qu'ils se sont données prendront bientôt fin, et il faut qu'à leur retour, on les mette en présence du plus récent et du plus significatif des verdicts du suffrage universel.

Grâce à ces élections du 4 octobre, qui vont mettre en mouvement la moitié de la France, sous l'attention passionnée du reste du pays, on peut faire parvenir à Versailles une grande et décisive parole. Chaque canton, convoqué au scrutin du 4 octobre, doit tenir à honneur de faire connaître sans équivoque, par l'intermédiaire d'un homme ferme et convaincu, que son choix est fait, et qu'il attend désormais, du gouvernement de la République aux mains des républicains, la

protection de ses droits, la sécurité de
ses intérêts. Nul des serviteurs de la démocratie n'a le droit, en pareille
conjoncture, de décliner le mandat
qui lui serait offert par ses con-
citoyens. Les raisons privées, les refus
tirés des goûts et des convenances
domestiques ne sauraient être accueil-
lis, quand il s'agit d'un service que le
pays est en droit de réclamer de tous
ceux qui s'intéressent à son relèvement
et à sa prospérité. Les adversaires de la
démocratie ne manquent pas d'objecter
que cette préoccupation politique, de la
part des républicains, est une nouvelle
cause d'agitation pour le pays; et certes
oui, c'en est une. Mais à qui la fau-
te ? Si l'Assemblée de Versailles avait
mieux compris les intérêts de la pàtrie,
si elle avait voté cette dissolution que
rendaient nécessaire ses avortements
successifs et la situation périlleuse de la
France, nous n'en serions pas réduits à
tenir un tel langage. Si même elle avait,
au dernier moment, dans un élan de
bon sens et de clairvoyance, adopté la

proposition de M. Casimir Perier , le
pays, rassuré sur le sort de la République, ne serait pas forcé de se servir de
tous les moyens pour affirmer sa volonté de l'adopter pour forme de gouvernement. Oui, c'est une agitation ; mais elle
est légitime, elle est salutaire ; tous les
bons citoyens doivent désirer qu'elle
serve enfin à mettre un terme à la politique de résistance et de combat. Enfin,
il est souhaitable que les triomphes
électoraux, que le zèle et l'activité des
républicains s'efforcent d'obtenir, éclairent et dissipent les dernières hésitations
de ce groupe de députés qui, sans aversion marquée pour le régime républicain, n'ont pas osé se confier encore au
gouvernement de droit de la démocratie,
et qui ont cherché, dans un expédient
politique sans prestige et sans assiette,
les garanties d'ordre et de sécurité qu'ils
ne peuvent trouver que dans la satisfaction des vœux de la France.

Le besoin que la France ressent depuis tantôt quatre ans de se donner un
gouvernement définitif pour mettre fin à

ses divisions intérieures et vaquer, sans souci du lendemain, au développement de ses merveilleuses ressources naturelles, est, pour ainsi dire, surexcité encore par les appréhensions redoutables qui lui viennent du dehors. La France ne peut pas s'accommoder plus longtemps de la situation précaire, fragile, périlleuse où elle est aujourd'hui. Sa politique extérieure, sans dessein ni plan arrêté, soumise aux tiraillements des partis les plus divers, exposée à toutes les surprises, reste à la merci des événements : elle ne retrouvera de direction précise qu'avec un principe précis et fermement adopté dans le gouvernement. L'histoire ne voudra pas croire qu'après les malheurs qui ont assailli la France, les terribles leçons qu'elle a reçues de la fortune, elle a pu passer quatre ans, grâce à l'impiété des partis, sans institutions, sans direction et par conséquent sans diplomatie véritable. Jamais les heures n'ont été plus précieuses, jamais on ne les a plus témérairement gaspillées. Qui oserait dire cependant, dans l'état d'armement où sont les divers peuples de l'Europe, au milieu des haines et des convoitises surexcitées de toutes parts, qui oserait dire que le temps nous sera donné pour réparer les fautes du passé et nous trouver, le cas échéant, en état de porter le drapeau de cette nation à qui l'Europe n'a jamais retiré son admiration ?

La responsabilité en pèsera tout entière sur ces hommes de parti qui, moins préoccupés de l'avenir de la patrie que de la satisfaction de leurs passions politiques, auront, par leur détestable conduite, retardé tout ensemble, mais heureusement sans pouvoir y échapper ni l'empêcher, l'avénement de la République et le relèvement de la France. Pendant que ces partis s'épuisaient dans leurs dissensions intestines, la démocratie grandissait, s'instruisait, travaillait, se disciplinait, en un mot prenait possession du pays, en faisant sortir tous les jours de ses rangs les meilleurs de ses fils, pour les installer à tous les

degrés dans les Conseils électifs ; elle
préparait ainsi le nombreux personnel
nécessaire au fonctionnement des institutions qui réaliseront réellement le
gouvernement du pays par le pays, la
République. C'est ce personnel que la
démocratie doit toujours avoir en vue
dans les diverses manifestations électo-
rales. Le scrutin du 4 octobre 1874, j'en
ai la ferme assurance, augmentera ce
brillant et solide effectif.

C'est d'ailleurs, mon cher ami, l'espoir
que j'entends partout exprimer autour
de moi, et c'est mon excuse de cette
longue lettre.

Salut fraternel.

Léon GAMBETTA.

Paris.— Imp. F. DEBONS et C¹⁰, 16, rue du Croissant.

www.ingramcontent.com/pod-product-compliance
Lightning Source LLC
Chambersburg PA
CBHW070742280326
41934CB00011B/2774